BEI GRIN MACHT SICH IHR WISSEN BEZAHLT

AF139828

- Wir veröffentlichen Ihre Hausarbeit,
  Bachelor- und Masterarbeit

- Ihr eigenes eBook und Buch -
  weltweit in allen wichtigen Shops

- Verdienen Sie an jedem Verkauf

Jetzt bei www.GRIN.com hochladen
und kostenlos publizieren

Bibliografische Information der Deutschen Nationalbibliothek:

Die Deutsche Bibliothek verzeichnet diese Publikation in der Deutschen National-
bibliografie; detaillierte bibliografische Daten sind im Internet über http://dnb.d-
nb.de/ abrufbar.

Impressum:

Copyright © 2018 GRIN Verlag
Druck und Bindung: Books on Demand GmbH, Norderstedt Germany
ISBN: 9783668821293

Dieses Buch bei GRIN:

https://www.grin.com/document/439022

Leo Laif

Doping im Spitzensport. Ein Überblick

GRIN Verlag

GRIN - Your knowledge has value

Der GRIN Verlag publiziert seit 1998 wissenschaftliche Arbeiten von Studenten, Hochschullehrern und anderen Akademikern als eBook und gedrucktes Buch. Die Verlagswebsite www.grin.com ist die ideale Plattform zur Veröffentlichung von Hausarbeiten, Abschlussarbeiten, wissenschaftlichen Aufsätzen, Dissertationen und Fachbüchern.

Besuchen Sie uns im Internet:

http://www.grin.com/

http://www.facebook.com/grincom

http://www.twitter.com/grin_com

Inhaltsverzeichnis

1. Einleitung

1.1 Motivation

Als ich in der 8. Klasse zum ersten mal einen Schüler von mir stehen sah, der irgendetwas von einer „komplexen Leistung" redete und erklärte, was das sei, begann es in meinem Kopf sofort zu arbeiten. „Welches Thema willst du bearbeiten?", war die zentrale Frage, die ich mir stellte. Es war mir wichtig ein Thema zu wählen, welches mich wirklich interessiert, da Schüler, die ihre Arbeit vor mir verteidigten oft über Motivationsprobleme klagten. Aufgrund aktueller Medien kam mir die Idee, mich in meiner Bearbeitung dem Thema „Doping" zu widmen. Da Sport mich schon immer interessiert hat und Doping leider zu einem alltäglichen Begleiter des Sports geworden ist, legte ich mich auf dieses Thema fest. Mit der Zeit stellte ich mir jedoch die Frage, was überhaupt das Wichtige an diesem Thema ist. Jetzt, vor dem Beginn meiner Arbeit, bin ich der Meinung, das Doping eine Folgeerscheinung der Kommerzialisierung des Sports ist, da der unbedingte Wille zu gewinnen eng mit dem damit verbundenen, finanziellen Erfolg zusammenhängt, und deshalb zu unfairen Mitteln gegriffen wird. Und das ist in meinen Augen der „Knackpunkt" der Dopingproblematik: Der faire Wettkampf wird manipuliert, was sich negativ auf den gesamten Sport auswirkt, denn Sport stand immer im Zeichen des fairen Kräftemessens. Letztendlich haben sich ganze Länder mit einer Sportart identifiziert. Ein Beispiel ist das „Wunder von Bern": Eine gesamte Nation hat aus diesem Sieg Kraft gewonnen, obwohl es politisch gesehen, keinerlei Einfluss auf das Wohlergehen der Menschen in schweren Zeiten hatte. Es war eine Tatsache, dass sich Menschen mit diesem Sport identifizieren. „Wir sind wieder wer!" (Nach einem Zeitzeugen). Ich denke, dass diese Kraft des Sports durch Doping leider an Aussagekraft verliert. Ein weiterer interessanter Fakt an Doping ist, das mit der Einnahme einiger dieser Mittel gewisse Risiken verbunden sind, die die Sportler zum Teil vermutlich nicht einmal selbst abschätzen können. Warum Sportler dieses Risiko trotzdem eingehen, ist eine weitere Frage, die ich mir stelle. Des Weiteren ist Doping natürlich kein Thema, welches ausschließlich in der Vergangenheit, wie beispielsweise der DDR eine Rolle gespielt hat. Doping entwickelt sich immer weiter, und ist heute vermutlich präsenter als je zuvor. Natürlich hat sich in dieser Entwicklung ein Gegenpol zum aktiven Doping, wie Kontrollen oder ganze Agenturen, wie die WADA, gebildet. Von meiner Erarbeitung erhoffe ich mir, sowohl eine wissenschaftliche Erkenntnis, was hinter dem Begriff „Doping" steckt, aber auch die ethische Sichtweise auf die Thematik nachvollziehbarer darzulegen.

1.2   Zielstellung

Das konkrete Ziel meiner Arbeit soll sein, festzustellen, in welchem Maße Doping im Spitzensport eine Rolle spielt, oder ob es überhaupt eine Rolle spielt. Wenn ja möchte ich untersuchen, wie sich Doping entwickelt hat, welche Methoden zu welcher Zeit angewendet wurden/werden und inwiefern äußeren Faktoren wie Kontrollen die Verwendung von Doping beeinflussen.

1.3   Vorgehensweise

Um meine Ziele zu erreichen, wähle ich folgende Vorgehensweise:

1. Ich stelle theoretische Untersuchungen zum Thema „Doping im Spitzensport" an (nutze dazu Literatur und andere Quellen -> siehe Quellen).

2. Mein Eigenanteil besteht in der Auswertung von Leistungsentwicklungen im Spitzensport (siehe 8.)

2.   Was ist Doping?

Es gibt verschiedene Definitionen für Doping, wobei ich denke dass die offizielle Definition des Deutschen Sportbundes, *„(Doping ist der) Versuch unphysiologischer Steigerung der Leistungsfähigkeit durch Anwendung von Doping-Substanzen (…)"*[1], recht passend ist. Zu ergänzen ist, das Doping weitestgehen illegal ist, da es mit dem Risiko der Gesundheitsschädigung und der Abhängigkeit verbunden ist und man es in den meisten Fällen mit Medikamentenmissbrauch vergleichen kann.

3.   Welche Arten von Doping gibt es?

Wenn man von verschiedenen Arten des Dopings spricht, sollte man grundsätzlich in „Mittel" und „Methoden" unterscheiden. Zu den Verbotenen Mitteln gehören alle Wirkstoffe wie Anabolika, Wachstumshormone oder Stimulanzien. Verbotene Methoden beschreiben hingegen das Verbot eines Vorgangs, wie das Blutdoping, Gendoping oder die Manipulation von Proben. [2]

---

[1] https://www.planet-wissen.de/gesellschaft/sport/doping_gefaehrliche_mittel/index.html
[2] http://www.doping.de/arten-des-doping/doping-methoden/

3.1 Blutdoping

Unter Blutdoping versteht man die künstliche Anreicherung von roten Blutkörperchen (Erythrozyten) im Blut. Das Blutdoping ist eine sehr verbreitete Dopingmethode, da das Risiko einer positiven Kontrolle im Falle einer Eigentransfusion sehr gering ist, da ausschließlich körpereigene Stoffe verwendet werden. Das Grundprinzip des Blutdopings besteht darin, die Konzentration an Erythrozyten zu erhöhen. Solch eine Anreicherung kann zum Beispiel durch Höhentraining erreicht werden. Wenn sich ein Mensch weit über dem Meeresspiegel befindet, produziert die Niere ein Hormon, welches die Bildung von roten Blutkörperchen anregt. Erythropoetin (EPO). Da die roten Blutkörperchen den Sauerstoff im Blut transportiert, sorgt die Anreicherung dieser Blutkörperchen für einen erhöhten Sauerstofftransport, und damit zu einer erhöhten Ausdauerfähigkeit. Um diesen Zustand des Blutes auch noch bei den Wettkämpfen gewährleisten zu können, wird dem Patienten nach dem Höhentraining Blut abgenommen und zum Beispiel mit Hilfe einer Zentrifuge die roten Blutkörperchen vom Blutplasma und den anderen Blutbestandteilen getrennt und aufbewahrt. Kurz von dem Wettkampf wird dem Patienten diese Transfusion nun wieder zugeführt. Dieser Prozess kann auch zu Nebenwirkungen wie einer Infektion und ggf. zu einer Blutvergiftung führen. Diese Gefahr ist bei Fremdtransfusionen noch größer. Der Blutmangel nach der Blutentnahme kann zu Schwindel oder sogar zu Thrombose (Verklumpen des Blutes) führen. [34]

Eine modernere Variante des Blutdopings ist das EPO-Doping. Es beruht auf dem gleichen Prinzip der Anreicherung von roten Blutkörperchen, jedoch mir Hilfe von künstlich synthetisiertem EPO. Dieses künstliche Erythropoetin ist bei Kontrollen leichter nachweisbar, weswegen viele Sportler das „klassische" Blutdoping bevorzugen, welchen bereits seit den 70er-Jahren praktiziert wird. [5]

3.2 Gendoping

Unter Gendoping versteht man die Beeinflussung der Genstruktur, um die Leistung zu steigern, indem Gene entweder gezielt gehemmt, oder gezielt eingeschleust werden. Als ein Beispiel, um zu verstehen, auf welcher Ebene diese Beeinflussung stattfindet, sind eineiige (monozygotische) Zwillinge zu nennen. Sie besitzen den gleichen Genotyp, weisen jedoch, wenn auch oft nur geringfügig, Unterschiede im Phänotyp auf. Die Ursache dafür sind Unterschiede in der sogenannten Genexpression (Erscheinungsbild des Gens). Beim

---

[3] http://www.runnersworld.de/training/auswirkungen-der-hoehenlage.219528.htm
[4] http://www.doping.de/arten-des-doping/doping-methoden/blutdoping/
[5] https://idw-online.de/de/news501621

Gendoping wird dieses Erscheinungsbild gezielt manipuliert, um eine Leistungssteigerung zu erreichen.

„Die nichttherapeutische Anwendung von Zellen, Genen, Genelementen oder die Regulierung der Genexpression, welche die sportliche Leistungsfähigkeit erhöhen kann, [wird als Gendoping bezeichnet]." (WADA 2011). In einer Neufassung der Verbotsliste 2013 wurde das Gendoping auf folgende Methoden konkretisiert: (1) Die Übertragung von Nukleinsäure-Polymeren oder Nukleinsäure-Analoga; (2) Die Anwendung normaler oder genetisch veränderter Zellen.

Das Gendoping soll so funktionieren, dass der Körper selbst leistungsfördernde Stoffe aufbaut, und leistungshemmende Stoffe abgebaut werden. Dazu wird dem Patienten zuerst eigenes Erbgut entnommen und mutiertes Erbgut an der gleichen Stelle eingesetzt. (=Übertragung von Nukleinsäure-Polymeren). Diese künstliche Mutation bewirkt dann beispielsweise, dass das Protein Myostatin nicht mehr gebildet wird. Myostatin bewirkt die Hemmung des Muskelaufbaus im Körper. Diese Mutation tritt auch natürlich auf, wie zum Beispiel bei der Rinderrasse „Blau-Weißer Belgier" (siehe Abb. 4).[6] Selten sind auch Menschen von der Mutation betroffen. Wenn die Produktion des Proteins gestoppt wird, wachsen die Muskeln theoretisch ungehindert. Myostatin wird als bedeutendes Mittel im Gendoping gehandelt. Allerdings müsste für ein Gendoping mit Myostatin die Wirkung des gesamten im menschlichen Körper vorhandenen natürlichen Myostatinproteins erfolgreich gehemmt werden, was synthetisch bis jetzt nur bei Mäusen mit einer bestimmten Muskelkrankheit möglich ist. Es ist jedoch „vielversprechend", das man herausgefunden hat, das Myostatin auch durch andere Stoffe gehemmt werden kann (Inhibitoren/Hemmstoffe). MYO-029 wird als solch ein Hemmstoff gehandelt, bislang wurden jedoch noch keine nennenswerten Erfolge erzielt. Man erhofft sich von dieser Forschen natürlich keine Anwendung als Dopingsubstanz, sondern man erhofft sich, die Myostatinhemmung gegen Muskelkrankheiten einsetzen zu können.

Es ist zu erwarten, dass im Verlauf der Zeit ein immer größerer Fortschritt in der Genforschung erzielt wird und dementsprechend vermutlich auch der Missbrauch dieser Technologien im Sport gefördert wird. Die Nebenwirkungen von Gendoping sind heutzutage aber kaum absehbar. Es steht jedoch fest, dass Erkrankungen, die Aufgrund von genetischer Veränderung entstehen schwer zu stoppen sein werden, da das gesamte Erbgut betroffen ist.

Im Bezug auf Doping ist es erwähnenswert, das der Nachweis dieser Stoffe sehr schwer bzw. umfangreich ist, da ausschließlich körpereigene Stoffe verwendet wurden.[78]

---

[6] https://www.agrarheute.com/tier/rind/weiss-blaue-belgier-muskelpakete-portrait-517956
[7] http://www.gentechnologie-im-sport.de/ueber-gendoping/definition/
[8] https://www.nada.de/fileadmin/-DOWNLOADS-/Broschueren/nada_de_gendop.pdf

3.3 Anabole Wirkstoffe

Anabole Wirkstoffe bewirken einen Aufbau der Muskelmasse im Körper, sowie eine beschleunigte Fettverbrennung im Körper. Außerdem beschleunigt es die Regeneration. Anabolika lassen sich in zwei Gruppen aufteilen: Anabole Steroide und sogenannte Beta-2-Antagonisten.

Anabole Steroide: Anabole Steroide sind Hormone aus der Klasse der männlichen Sexualhormone. Sie wirken ähnlich wie Testosteron. Sie fördern Aufbauprozesse und bewirken damit einen Aufbau des Muskelgewebes (anabole Wirkung). Hinzu kommt die androgene Wirkung, also die Ausbildung männlicher Geschlechtsmerkmale wie Bartwuchs oder eines männlichen Körperbaus. Auch bei Frauen sind diese Wirkungen zu erkennen. Besonders markant sind tiefe Stimmen bei Frauen oder starke Behaarung. Da Frauen natürlich einen geringeren Testosteronspiegel besitzen, ist die Leistungssteigerung umso größer. Über die Intensität der Wirkung sind sich die Forscher uneinig. Einige vertreten sogar die Meinung, es sei nur die Placebo-Wirkung, die zu der Leistungssteigerung führe. Allerding ist dies meines Erachtens übertrieben, da zum Beispiel in der DDR viele Sportler nicht wussten, dass sie mit anabolen Wirkstoffen gedopt wurden und trotzdem sowohl anabole als auch androgene Wirkungen auftraten.

Nachweis: Nachdem der anabole Stoff gewirkt hat wird er als Stoffwechselendprodukt über den Urin abgegeben. Dort ist er noch ca. 14 Tage nach der Einnahme nachweisbar.

Beta-2-Agonisten: Beta-2-Agonisten werden hauptsächlich als therapeutischer Wirkstoff gegen Asthma eingesetzt, da sie die Bronchien weiten. In einer großen Menge können sie auch eine Anabole Wirkung haben, die jedoch nicht so stark ist wie die der Steroide. Trotzdem sind die Beta-2-Agonisten eine häufig verwendete Stoffgruppe, da sie durch ihre medizinische Wirkung in Sonderfällen erlaubt sind.[91011]

---

[9] http://www.ernaehrung.de/tipps/sport/leistungssteigernde-substanzen-3.php
[10] https://www.drugcom.de/?id=drogenlex&sub=2&idx=225
[11] http://flexikon.doccheck.com/de/Beta-2-Sympathomimetikum

3.4 Sonstige Methoden

Neben den drei genannten Gruppen gibt es weitere Methoden des Dopings, die nicht direkt eine körperliche Leistungssteigerung hervorrufen, sondern beispielsweise psychisch auf den Patienten wirken. Ein Beispiel sind Stimulanzien. Sie stimulieren die Aktivität des Zentralnervensystems, was ähnlich wie Adrenalin die motorische Aktivität erhöht. Zudem vertreibt beispielsweise Kokain die Müdigkeit. Außerdem können sie die Sauerstoffaufnahme positiv beeinflussen und zu einem Anstieg der Herzfrequenz führen.[12]

Auch die sogenannten Narkotika sollen zum Überschreiten der Leistungsgrenze führen. Sie werden meist auf Morphiumbasis hergestellt, und wirken dementsprechend beruhigend und lindern das Schmerzentfinden. Nachteile der Narkotika sind zum einen die schnelle Abhängigkeit, sowie die zahlreichen Nebenwirkungen wie Atemlähmung, die im Extremfall bis zum Tod führen kann.

Stimulanzien werden häufig mit Narkotika gemischt, um zugleich die Leistungsfähigkeit zu erhöhen und das Schmerzentfinden zu senken.[13]

Eine spezielle Art des Dopings ist das Doping mit Diuretika. Diuretika fördern die Harnausscheidung und führen nicht zu einer Leistungssteigerung. Sie werden eingesetzt, um das Gewicht des Sportlers zu reduzieren. Sportarten die von diesem Gewichtsverlust profitieren sind zum Beispiel Skispringen, aber beispielsweise auch Boxen, da man das Eigengewicht kurzzeitig verfälschen kann, um für eine bestimmte Gewichtsklasse zugelassen zu sein. Zusätzlich werden Diuretika als sogenanntes Maskierungsmittel eingesetzt, da sie die Konzentration an bestimmten Stoffen im Urin verringern können. Nebenwirkungen von Diuretika sind Magenbeschwerden, Durchfall oder Muskelkrämpfe, außerdem erhöhen sie die Thrombosegefahr.[14]

4.   Leistungsentwicklung im Sport

Um im späteren Verlauf meiner Arbeit Zusammenhänge von Leistungsentwicklung und Doping herzustellen, ist es natürlich zuerst einmal sinnvoll, die Leistungsentwicklung nachzuweisen. Das wichtigste „Nachweismittel" dafür sind einfache Zahlen, in Form von Weiten, Höhen, Zeiten und Gewichten. In Sportarten, die sich besonders auf diese Art der Siegerermittlung konzentrieren, sind diese Zahlen natürlich am besten nachweisbar. Typische Bespiele für diese sogenannten CGS-Sportarten (Zentimeter, Gramm, Sekunde) sind nahezu alle leichtathletischen Disziplinen. Meist ist Kraft oder Geschwindigkeit wichtiger als beispielsweise Präzision, was zu einem Wert führt, den man gut als Vergleich nutzen

---

[12] http://www.sportunterricht.de/lksport/dopestimu1.html
[13] http://www.doping.de/arten-des-doping/wirkstoffe-und-deren-auswirkungen/narkotika/
[14] http://www.sportmedizin-hellersen.de/dfs/html/diuretika.html

kann, da andere Parameter den Wert nicht beeinflussen (wie beispielsweise die Jury beim Eiskunstlauf, oder der Wind beim Bogenschießen). Natürlich spielt der Wind auch beim Speerwerfen eine Rolle, weswegen es sinnvoll ist, Werte einer größeren Zeitspanne als beispielsweise einem Wettkampf zu verwenden, wie zum Beispiel die Jahresbestenliste. Interessant wird der ganze Sachverhalt natürlich erst dann, wenn man die Entwicklung verschiedener Länder berücksichtigt.[15]

Nun jedoch zur konkreten Analyse der Leistungsentwicklung: Basierend auf wissenschaftlichen Erkenntnissen ist das typische Modell für sportliche Entwicklung die sogenannte S-Kurve (siehe Abb. 1). Sie sagt aus, dass die Entwicklung nicht linear, sondern asymptotisch verläuft. Wenn ein Faktor also die Entwicklung beschleunigt, tritt das Ergebnis in Form von Werten natürlich erst einige Zeit später auf. Nach diesem langsamen Beginn wird das volle Entwicklungspotenzial auch in Form von Zahlen deutlich. Die Entwicklung wird beschleunigt. Wenn man davon ausgeht, dass die menschlichen Möglichkeiten irgendwann begrenzt sind, muss man auch von einer Verlangsamung der Entwicklung an einem bestimmten Punkt ausgehen.   (1) Ein Beispiel für diese asymptotische Entwicklung ist die Weltrekordentwicklung im Kugelstoßen der Herren ab 1890. *1890 lag der Weltrekord noch bei 61% der heutigen Bestweite.* Bis 1930 stieg der Rekord auf 69% eher schwach an. Zwischen 1930 und 1970 stieg der Wert auf 95% des heutigen Rekords. Die übrigen 5% kamen in den letzten ca. 50 Jahren dazu.[16] Die sporthistorische gesehen, plausibelste Erklärung dieses Verlaufs ist die Erfindung neuer Techniken, wie der Rückenstoß-Technik. Wenn man davon ausgeht, dass dies die einzige Begründung der Leistungssteigerung ist, würde das bedeuten, dass die Abflachung der Kurve in den letzten Jahrzehnten zu einem großen Teil auf das Annähern an die Maximalweite des für den Menschen mögliche zurückzuführen ist.

Natürlich ist das Kugelstoßen nur ein Beispiel, welches diese S-Kurve belegt. (2) Im Verlauf der sportlichen Geschichte sind neben der S-Kurve auch andere, konkretere Tendenzen zu beobachten gewesen. In der Leichtathletik konnte man vor allen in den Werfer-Disziplinen und im Stabhochsprung einen Leistungszuwachs ab den 60er-Jahren erkennen, welcher vorrangig auf Regeländerungen und Materialentwicklung zurückzuführen ist, wohingegen ab 1990 ein starker Leistungsrückgang zu verzeichnen war. Eine Erklärung ohne die Berücksichtigung von Dopingvergehen ist für diese Tendenz jedoch nicht zu werten, da sie unter anderem durch gesperrte Topathleten zu Stande gekommen ist. 1990 waren jedoch

---

[15] Sportentwicklung in Deutschland 12 „Doping im Spitzensport S. 19
[16] Sportentwicklung in Deutschland 12 „Doping im Spitzensport S. 23

nicht nur in der Leichtathletik Leistungseinbrüche zu erkennen, sondern auch ich vielen anderen stark kraftabhängige Sportarten, wie dem Schwimmen oder dem Gewichtheben. [17]

5.   Die Rolle des Dopings bei dieser Entwicklung

Wie bereits in 4. erwähnt, ist für eine Leistungssteigerung die begünstigende Veränderung eines Faktors notwendig.

(1) Die Weltrekordentwicklung im Kugelstoßen ist ein typisches Beispiel für die S-Kurve. Wenn man Doping als einen nicht relevanten Faktor ansieht, ist die starke Entwicklung ausschließlich auf die Anwendung neuer Techniken zurückzuführen. Es ist allerdings wahrscheinlich, dass Doping diesen Anstieg maßgeblich förderte. Grund für diese Annahme ist der Einsatz von Anabolen Steroiden, der in der Zeit ab 1950 begann. Anabolika wurde ursprünglich im 2. Weltkrieg als Kräftigungsmittel für Gefangene entwickelt, und nach Kriegsende aufgrund der Wirkung auf eine sportliche Anwendung übertragen. Ein weiterer Beweis der Annahme ist die Begründung der Abflachung der Leistung, die in der S-Kurve definiert, und anhand des Beispiels Kugelstoßen bewiesen ist. Ohne Berücksichtigung des Dopings kann diese Abflachung nur durch das Erreichen des menschlichen Optimums begründet werden. Wenn Doping berücksichtigt wird, ist die wohl logischste Erklärung der Einsatz effektiverer Dopingkontrollen und Sperren an dem Mauerfall 1989. [18]

(2) Auch das Beispiel des Leistungsabfalls in der Leichtathletik um 1990 lässt sich mit dem verstärkten auftreten vom Kontrollen (u. a. Trainingskontrollen) erklären. Ein interessanter Fakt hierzu ist jedoch, dass im Vergleich zudem meisten anderen leichtathletischen Disziplinen, die 5000-Meter und 10000-Meter einen Leistungszuwachs verzeichneten. Eine mögliche Erklärung hierfür ist, dass die Distanzläufer eine andere Art des Doping, das EPO Doping, nutzten. Auf EPO wurde zu dieser Zeit noch nicht getestet, beziehungsweise konnte es nicht nachgewiesen werden. [19]

---

[17] Sportentwicklung in Deutschland 12 „Doping im Spitzensport S. 30-31
[18] Sportentwicklung in Deutschland 12 „Doping im Spitzensport S. 23
[19] Sportentwicklung in Deutschland 12 „Doping im Spitzensport S. 30-31

6. Dopinggeschichte in der Neuzeit

6.1 Doping bis 1990

Das Thema Doping rückte erst mit dem ersten Opfer allmählich in die Öffentlichkeit. 1886 bei dem Radrennen von Bordeaux nach Paris starb der Engländer Arthur Linton. In seinem Blut wurde eine Überdosis Trimethyl nachgewiesen. Es ist naheliegend, dass er nicht der einzige Radsportler oder allgemein Sportler war, der in dieser Zeit Mittel eingenommen hat, die heute als verbotenes Dopingmittel aufgelistet sind.

Bis in die 50er Jahre wurde der Umgang mit Mitteln wie Pervitin, welches besonders bei Ausdauersportlern beliebt war, toleriert. In den 60er Jahren kamen erste Vorschläge auf, Dopingkontrollen durchzuführen, welche bis zu den Olympischen Spielen 1968 in Mexiko auf Ablehnung stießen. Im selben Jahr starb der deutsche Boxer Jupp Elze, als er einen Schlag auf den Hinterkopf bekam und die Erschöpfung ignorierte. 1972 stellte das IOC eine Liste an verbotenen Mitteln auf. Zugleich machten Ärzte Fortschritte bei den Nachweismöglichkeiten für Doping. Allerdings entdeckten auch die Dopingsünder neue Methoden, die jedoch nicht verhinderten, dass in der 2. Hälfte des 20. Jahrhunderts dutzende Dopingsünder ertappt wurden.

6.1.1 Staatsplanthema 14.25

In der, durch die Sowjetunion sozialistisch geprägten, DDR, hatte der internationale sportliche Erfolg einen hohen Stellenwert, da man der Welt beweisen wollte, das der Sozialismus dem Kapitalismus überlegen war. Dieser unbedingte Wille, andere Nationen im Sport zu schlagen, verleitete natürlich dazu, verbotene Substanzen einzusetzen. Dabei nahmen die verantwortlichen Ärzte und Betreuer auch das Risiko von Dauerschäden an den Sportlern in Kauf, die zum großen Teil ohne ihr Wissen und damit ohne ihr Einverständnis gedopt wurden. Dieses staatlich angeordnete Zwangsdoping lief unter dem Decknamen Staatsplanthema 14.25 ab. Dieser Plan wurde 1974 angeordnet und bis zur Deutschen Wiedervereinigung 1990 befolgt. Allerdings wurde in der DDR bereits vor 1974 gedopt. Es kamen hauptsächlich Aufputschmittel wie Amphetamin zum Einsatz.

Das Staatsplanthema 14.25 gehörte zur Gruppe des sogenannten Sportkomplexes des Volkswirtschaftsplans, zu welchem u.a. auch die Forschung im Bereich Stütz- und Bewegungssystem und Gleitreibung (bzgl. Kufen von Bobs und Rennschlitten) zählte. Kurze Zeit nach der Veröffentlichung des Staatsplanthemas wurde die Arbeitsgruppe „Unterstützende Mittel" (AG „UM") gegründet, welche auch sportmedizinisch einen fortschrittlichen und erfolgreichen Ablauf des Plans gewährleisten sollte. Dieser Arbeitsgruppe, zu der u.a. Dr. Hans Güttler gehörte, wurden Aufgaben wie der Entwurf von Einnahmezyklen oder der Erforschung der Kraftfähigkeiten zugewiesen.

Ein sehr häufig eingesetztes Mittel im Dopingsystem der DDR war das, von VEB Jenapharm hergestellte, Oral-Turinabol. Es zählt zu den anabolen Wirkstoffen. Wie in 3.3 erwähnt, haben diese Wirkstoffe auch eine androgene Wirkung, welche die Ausbildung von Geschlechtsmerkmalen fördert. Allerdings erwies sich Oral-Turinabol bezüglich dieser „Nebenwirkung" als sehr wertvoll, da es einen relativ hohen Anteil an anaboler Wirkung im Verhältnis zu androgener Wirkung aufwies. Da Oral-Turinabol über einen recht langen Zeitraum verabreicht wurde, traten dennoch Nebenwirkungen auf. Da es sich um ein männliches Sexualhormon handelt, waren bei DDR-Sportlerinnen tiefere Stimmen, Bartwuchs und ein männlicher Körperbau auffällig. Bei Männern waren häufige Nebenwirkungen Leberschäden oder erhöhte Aggressivität, aber auch Potenzstörungen. Das Staatsdoping der DDR sah auch die „Behandlung" von Kindern vor, was im Fall von Oral-Turinabol neben der ethnischen Frage auch ein biologisch erhöhtes Risiko darstellte, da es bei Kinder, die die Wachstumsphase noch nicht erreicht haben zu Wachstumsstörungen führen kann. Bis heute leiden viele ehemalige DDR-Sportler an den Spätfolgen des Zwangsdopings. Seit 1974 geht man davon aus, dass ca. 2% der in der DDR durchgeführten Dopingbehandlungen zu Tod führten.[20] [21] [22] [23]

6.1.2 Doping auch in Westdeutschland

Es ist nachgewiesen, dass die DDR nicht der einzige Staat war, im dem Doping auf der Tagesordnung stand. Im Gegenteil: In der DDR ging man davon aus, dass grundsätzlich alle Staaten ihre Athleten dopten, und die Frage nach dem Sieger nicht allein durch die körperlichen Fähigkeiten und die Tagesform entschieden wurde, sondern auch durch den Fortschritt in der Dopingforschung. So verbreitete sich unter den Verantwortlichen die Auffassung, dass man ohne das Doping nur benachteiligt wäre. In einer Studie der Humboldt-Universität in Berlin wurde beispielsweise die Dopinghandhabung in der BRD untersucht. Diese Untersuchung ist jedoch nicht von so starken Fakten und Beweisen unterlegt wie im Fall der DDR, da keine so akribische Protokollierung erfolgte wie in Ostdeutschland. Trotzdem wurde deutliche Parallelen in der Dopinghandhabung in Ost- und Westdeutschland festgestellt: Auch in Westdeutschland waren sportliche Erfolge natürlich erwünscht. Als man erkannte das die sozialistischen Staaten die „Siege des Sports [als] Siege des Sozialismus" ansahen, wollte man diesbezüglich nicht nachgeben. Zudem wurde auch in der Bundesrepublik Deutschland die Forschung nach leistungssteigernden Substanzen vom Staat gefördert. Auch in der Art und Weise des Dopings glichen sich Ost-

---

[20] http://www.doping.de/geschichte-des-doping/doping-in-der-ddr/
[21] https://ddrwebquest.wordpress.com/tag/hans-guertler/
[22] Film: Unterstützende Mittel - Das Trauma des DDR-Sports

[23] Die Goldmacher - Sport in der DDR (2008)

und Westdeutschland. Zuerst waren es Amphetamine als Aufputschmittel, später anabole Wirkstoffe. Außerdem wurde nachgewiesen, dass auch in der BRD bereits minderjährige Dopingmittel zu sich genommen haben.

6.1.3 Hochzeit des Dopings

Zusammenfassend lässt sich sagen, dass die 2. Hälfte des 20. Jahrhunderts als eine Hochzeit des Dopings gesehen werden kann. Dies ist darauf zurückzuführen, dass international sportliche Erfolge einen so hohen Stellenwert in der Welt hatten, wie nie zuvor, was letztendlich auch auf die politische Situation zurückzuführen ist. Der für die Bundesrepublik Deutschland startende Sprinter Manfred Ommer sagte in einem Interview: *"Diese Mittel sind für jeden Athleten zugänglich. Wenn ich darauf verzichte, bin ich in einem Endlauf, wo acht Mann nebeneinander (laufen), vielleicht der Einzige, der diese Mittel nicht genommen hat. Und jetzt soll ich mir Gedanken darüber machen, dass ich hier einen Betrug begehe? Ich weiß doch von meinen Sprinterkollegen, dass fast alle diese Mittel nehmen!"* Man erkennt, das zu dieser Zeit eher der Gedanke der Benachteiligung im Falle des „Nicht-Dopens" im Vordergrund steht, und nicht so sehr die Frage nach einer illegalen Handlung.[24]

6.2 Doping heute

Man kann sagen, dass das Thema Doping seit der Wiedervereinigung nur selten für längere Zeit aus den Medien verschwunden ist. Immer wieder wurden Affären in Verbindung mit Doping aufgedeckt: Lance Armstrong, Jan Ulrich, Floyd Landis, BALCO oder zuletzt Kenia und Russland, um nur einige bekannte Beispiele zu nennen. Doping hat sich modernisiert. Es wird immer wieder nach neuen Methoden und Wirkstoffen (siehe 3.), aber auch immer wieder nach neuen Nachweismöglichkeiten geforscht. Der Anti-Doping-Kampf wird immer intensiver geführt und etabliert sich immer weiter auf politischer Ebene. Seit 2016 gibt es in Deutschland ein Anti-Doping-Gesetz, welche nun auch strafrechtliche Folgen für Sportler die dopen ermöglicht (bis zu 10 Jahren Haft für Doping an Minderjährigen). Ein Grund für diese Tendenz ist vermutlich auch die zunehmende Äquivalenz zwischen Leistung und Einkommen. Sportler die erfolgreicher sind, bekommen mehr Geld (natürlich unter Berücksichtigung von Sportart und Nation).[25][26]

---

[24] http://www.doping.de/geschichte-des-doping/
[25] https://www.planet-wissen.de/gesellschaft/sport/doping_gefaehrliche_mittel/pwiegeschichtedesdopings100.html
[26] https://sportslife.intersport.de/sportslife/doping-heute-frueher/

6.2.1 Der Fall Russland

Die wohl aktuellste Dopingaffäre kommt aus Russland. 2014 wurden erste Stimmen laut, die behaupteten, russische Sportler würden systematisch dopen. Bis heute ist es jedoch immer noch eher ein Mysterium als ein aufgedeckter Dopingfall. Die Auslöser für die Gerüchte und später Tatsachen waren unter anderem Yuliya Stepanova und ihr Mann Vitaly. Yuliya war eine russische Spitzenleichtathletin, Vitaly arbeitete sehr engagiert bei der RUSADA, der russischen Anti-Doping-Agentur. Nach der Sperre Stepanovas 2013 entschieden sie sich, mit ihrem Wissen über das russische Dopingsystem an die Öffentlichkeit zu treten. Sie informierten unter anderem die WADA, die aus ungeklärten Gründen jedoch nicht auf diese Informationen einging. Anders der deutsche Sportjournalist Hajo Seppelt. Er reiste nach Russland um sich mit Yuliya und Vitaly zu treffen. Im Verlauf seiner Untersuchungen erhielt er viele Hinweise und Beweise, die er in seiner Dokumentation *„Geheimsache Doping-Wie Russland seine Sieger macht"* veröffentlichte. Hinweise waren unter anderem Aussagen Stepanovas, die wichtige Persönlichkeiten im russischen Sport als „Fädenzieher" eines Dopingsystems anschuldigten. Sie zitiert unter anderem eine Aussage Sergey Portugalovs, der bis vor kurzem in der Athletenbetreuung in Russland beschäftigt war, mit einer Aussage, die er vor den russischen Leichtathletikmeisterschaften zu Stepanova getätigt haben soll: *„Mach dir keine Sorgen, du must dann wahrscheinlich zur Dopingkontrolle,[…] dann gehst du da ganz ruhig hin, so wie alle anderen auch. Nach der Kontrolle bekommst du ein rosa Formular mit der Nummer deiner Probe. Schick mir die per SMS, und dann kannst du beruhigt schlafen"*[27]. Weitere Aspekte die Seppelt in seiner Dokumentation thematisierte waren zum Beispiel, dass Dopingmittel wie EPO in Russland in der Apotheke erhältlich sind, dass Trainer Dopingkontrolleure bestochen haben, dass man positive Dopingkontrollen von Spitzensportlern als „Fehler" angesehen hat, das Proben ausgetauscht wurden, das Athleten gar nicht erst zu einer Dopingkontrolle mussten oder das die Termine für Dopingkontrollen bereits vorher bekannt gegeben wurden. Als Reaktion auf Seppelts Dokumentation wurde eine Untersuchungskommission eingesetzt, welche die Dopingpraktiken in Russland untersuchen sollte. Im November 2015 veröffentlichte sie unter dem Namen „McLaren-Report" erste Ergebnisse. Dazu gehörte die Erkenntnis, dass die russischen Doping-Labors in Moskau und Sotchi wissentlich Dopingproben manipuliert haben. Außerdem hat das russische Sportministerium diese Vorgänge geleitet und gesteuert. Aufgrund dieser Erkenntnis kann man von Staatsdoping sprechen. Folgen dieser Erkenntnis waren u.a., das der russische Leichtathletikverband (ARAF) von der IAAF suspendiert wurde, was den Ausschluss russischer Leichtathleten von den Olympischen Spielen in Rio 2016 bedeutete. In einer weiteren Veröffentlichung im Rahmen des McLaren-Reports vom 9. Dezember 2016

---

wurden weitere russische Athleten belastet und es wurden rückwirkend auf die Olympischen Spiele in London 2012 und die Leichtathletik-Weltmeisterschaften 2013 in Moskau Nachproben russischer Blut- und Urinproben durchgeführt. Auch hinsichtlich der Olympischen Winterspiele in Pyoengchang 2018 lösten die Dopingvorwürfe gegen Russland juristische Diskussionen aus. Das IOC schloss Russland von den Spielen aus. Allein Sportler, welche Dopingkontrollen bei ausländischen Agenturen nachweisen konnten, dürfen unter Neutraler Flagge an den Spielen teilnehmen. Am 1.Februar 2018 (8 Tage vor Beginn der Spiele), hob der Sportgerichtshof CAS die Sperre für viele Athleten aufgrund Mangels an Beweisen auf. [28] [29] [30] [31] [32]

7.   Dopingkontrollen

7.1   Ablauf einer Dopingkontrolle

Bei Dopingkontrollen unterscheidet man zwischen Wettkampfkontrollen, unmittelbar nach der Beendigung des Wettkampfes, und Trainingskontrollen, bei denen der Sportler während des Trainings unangekündigt getestet wird. [33]

Wettkampfkontrollen: Wer nach einem Wettkampf kontrolliert wird, kann unterschiedlich gehandhabt werden. Es kann nach Platzierung, Namen oder Los entschieden werden. Beispielsweise bei den Leichtathletik-Weltmeisterschaften werden die ersten Drei, plus Zwei weitere durch Los entschiedene Starter untersucht. [34]

Trainingskontrollen: Trainingskontrollen können jederzeit durchgeführt werden. Leistungssportler müssen deshalb jederzeit über ihren Aufenthaltsort informieren. Wenn Sportler kontrolliert werden, haben sie das Recht, die begonnene Tätigkeit zu beenden (bspw. eine Trainingseinheit). Allerdings sollte der Zeitraum zwischen Ankündigung und Ausführung der Kontrolle eine Stunde nicht überschreiten. Zudem muss der Sportler während dieser Phase im Blickfeld des Kontrolleurs blieben, um eine Manipulation vorzubeugen. Trainingskontrollen können bei jedem Sportler durchgeführt werden, der einem Testpool angehört. In den Testpools wird festgelegt, welche Sportler durch Trainingskontroller

---

[28] https://www.youtube.com/watch?v=FKaiY9y7Gxg&t=2432s
[29] https://presse.wdr.de/plounge/tv/das_erste/2014/12/20141203_geheimsache_doping.xml
[30] http://web.archive.org/web/20160721074551/http://www.zdfsport.de/wada-fordert-russlands-ausschluss-ioc-olympia-rio-doping-mclaren-report-bestaetigt-systematisches-doping-in-russland-44440744.html
[31] https://de.wikipedia.org/wiki/Olympische_Winterspiele_2018
[32] https://de.wikipedia.org/wiki/McLaren-Report
[33] https://www.nada.de/fileadmin/-DOWNLOADS-/Regelwerke/NADA-Code_2015.pdf
[34] https://www.nada.de/doping-kontroll-system/wettkampfkontrollen/

kontrolliert werden können. So gibt es beispielsweise den „Team-Testpool", welchem alle Sportler, welche in der 1. und 2. Bundesliga, sowie in der DEL aktiv sind, angehören.[35]

Zuerst werden die persönlichen Daten des Sportlers aufgenommen, sowie die Namen von Trainer und Hausarzt. Außerdem muss bestätigt werden, dass der Sportler zu einer Dopingkontrolle aufgefordert wurde. Danach bekommt der Sportler die Möglichkeit, sich einen Becher zur Urin- bzw. Blutabgabesets zu Blutabgabe zu wählen, um vorzeitige Manipulation vorzubeugen. Danach erfolgt die Abgabe des Urins/Bluts, was ebenso unter Aufsicht des Kontrolleurs passiert. Bei Urinproben muss die Menge der Abgegebenen Flüssigkeit mindestens 90ml betragen, wovon 30ml in die B-Probe und der Rest in die A-Probe gegeben werden. Bei Blutproben muss die Dopingagentur einen Kontrolleur mit medizinischer Ausbindung zur Verfügung stellen. Die Proben werden durch eine Kennnummer anonymisiert und gegebenenfalls (mit dem Einverständnis des Sportlers), zu wissenschaftlichen Zwecken weiterverwendet. Bei Dopingkontrollen an Minderjährigen muss eine Vertrauensperson wie Elternteil oder Trainer dabei sein.[36]

7.2   Geschichte des Anti-Doping-Kampfs

Die ersten Dopingkontrollen wurden 1955 in Italien durchgeführt. Die Analysemethoden waren jedoch lange nicht ausgereift genug, um von den Sportlern gefürchtet zu werden. Die Stimme der Anti-Doping-Befürworter wurde allerdings lauter und zum Anlass der Olympischen Spiele 1972 in München wurde vom IOC (Internationales Olympisches Komitee) eine Liste an Substanzen angelegt, die als Doping gelten, und deren Einnahme deshalb verboten ist. Aufgrund des wissenschaftlichen Fortschritts der Dopingsünder musste diese Liste ständig erneuert werden. Zeitgleich wurden erste Blut- und Urinproben mit Hilfe von Gaschromatografen und Massenspektomertern (Maschinen zum Zerlegen von Stoffgemischen in ihre einzelnen Bestandteile) analysiert. Regelmäßige Dopingkontrollen im Wettkampf und im Training wurden ab 1988 (Nach dem Fall Ben Johnson) durchgeführt.

---

[35] https://www.nada.de/doping-kontroll-system/trainingskontrollen/testpools/

[36] http://universal_lexikon.deacademic.com/229703/Doping%3A_Geschichte%2C_Methoden%2C_Kontrollen

8. Auswertung von Leistungsentwicklungen in im Schwimmen der Frauen (kreativer Eigenanteil)

<u>Was zeigt das Diagramm?</u> Das Diagramm zeigt die Leistungskurven von BRD, DDR, Frankreich und der gesamten Welt im Zeitraum von 1961 bis 1998. Dabei wird die Leistung in % angegeben, wobei die 100% Marke durch den Wert von 1998 gekennzeichnet ist. Es ist deutlich erkennbar, dass das Niveau der DDR-Schwimmerinnen in den 60ern noch deutlich unter dem der Weltspitze lag. Das Niveau der DDR steigt in den Folgejahren jedoch deutlicher an als bei anderen Nationen und sie erreichen um 1970 die Weltspitze. Bis zur Wende 1990 bleiben sie dort. Der Leistungsgraph der BRD-Schwimmerinnen verläuft parallel zu dem der Weltspitze, jedoch deutlich darunter. Die Kurve Frankreichs ist sehr unbeständig und unterhalb der der BRD. Nach der Wende verläuft das Niveau der gesamtdeutschen Mannschaft auf dem der BRD weiter.

<u>Wie werte ich diese Entwicklung?</u> Die Leistungsexplosion der DDR-Schwimmerinnen in den 70er Jahren werte ich als Hinweis auf Dopingaktivitäten im DDR-Schwimmen. Eine Bestätigung dieser Vermutung ist, dass die männlichen Schwimmer der DDR zwar auch eine Leistungsentwicklung in diesem Zeitraum aufweisen konnten, diese jedoch nicht so stark ausfiel (siehe Abb. 3), wie die der Frauen. Das ist ein Beweis, da Frauen gewöhnlich stärker auf anabole Steroide reagieren als Männer. Ein weiterer Hinweis ist, dass sich die Leistung der gesamtdeutschen Mannschaft nach der Wende auf dem Niveau der BRD bewegt, wobei sie theoretisch zwischen den Kurven von BRD und DDR liegen müsste. Wenn man von Doping ausgeht, könnten eine Begründung für diesen Leistungsrückgang die beginnenden nationalen Trainingskontrollen im Schwimmen[37] sein. Die Darstellung unterstützt damit natürlich auch mediale Vorwürfe gegenüber bekannten Schwimmerinnen wie Kristin Otto, gedopt gewesen zu sein. Ob dies wissentlich war, sei dahin gestellt.

---

[37] Sportentwicklung in Deutschland 12 „Doping im Spitzensport S. 165

9. Zusammenfassung und Auswertung

Ich denke in der Gesamtbetrachtung hat meine Arbeit verdeutlicht, welche Rolle Doping im Sport spielt, bzw. in der Vergangenheit gespielt hat. Der Hintergedanke der Einnahme von Dopingmitteln ist klar: Seine Chancen auf den Sieg zu erhöhen. Dieser Gedanke hat aufgrund unterschiedlicher Motive (wie beispielsweise die immer wichtig werdende Rolle des Geldes im Sport) immer weiter an Bedeutung gewonnen, und damit theoretisch auch die Notwendigkeit von Doping. Diese Tendenzen werden besonders in einem längeren Zeitraum deutlich (siehe 8.). Doping im Sport ist letztendlich aber nicht nur eine Frage des Geldes, sondern sogar eine politische Angelegenheit, da beispielsweise in Kalte Krieg Sport ein Mittel zum Ausdruck der Stärke eines Systems war. Dies macht es sogar ein wenig nachvollziehbar, wieso Staaten wie die damalige DDR oder aktuell Russland ein systematisches, staatlich verordnetes oder geduldetes Doping vorweisen. Moralisch gesehen ist dies natürlich überaus streitwürdig, da es in diesem Sinne Körperverletzung wäre, Menschen Doping zu verabreichen. Wenn dies zudem noch unwissentlich oder an Minderjährigen passiert, sollte es keine zwei Meinungen geben. Des Weiteren haben meine Untersuchungen ergeben, dass im Verlauf der Zeit unterschiedliche Dopingmethoden und Dopingmittel eingesetzt wurden. Was in der Antike mit, eher auf Aberglaube basierenden, Methoden begann, entwickelte sich im Verlaufe der Jahrzehnte zu einem Sortiment aus Mitteln und Methoden. Es begann mit einfachem Kaffee und wurde zu immer chemischeren Aufputschmitteln. Später entdeckte man dir Wirkung von Anabolen, die in ihrer Wirkung Hormonen ähnelten und damit beispielsweise den Muskelaufbau förderten. Es entwickelte sich jedoch eine Anti-Doping-Bewegung, die den Einsatz solcher Mittel stoppen wollte. Es entstanden Methoden, die die Leistung steigerten, ohne nachweisbare Mittel zu verwenden: Das Blutdoping, welches besonders in Ausdauersportarten eingesetzt wurde. Da die isolierte Wirkung von Blutdoping jedoch relativ schwach war, wurden Substanzen hinzugefügt. Irgendwann konnten diese Substanzen jedoch wieder nachgewiesen werden und so liefern sich die Dopingsünder und die Anti-Doping-Aktivisten seit nunmehr fast 4 Jahrzehnten einen Kampf in Forschung und Nachweis. Eine aktuelle Methode, die vermutlich auch in der Zukunft eine wichtige Rolle spielen wird, ist Gendoping.

Fazit: Doping spielte im Sport fast immer eine Rolle. Das Motiv ist jedoch nicht immer der sportliche Ehrgeiz allein, sondern oft bspw. politischer Natur. Des Weiteren habe ich festgestellt, das es in der Doping-, sowie der Anti-Doping-Forschung ständig Fortschritte gibt, die Kontrollen aber meistens nur auf neue Dopingmethoden und Mittel reagieren können. Anti-Doping-Bemühungen sind aber trotzdem nicht nutzlos, da bereits viele Substanzen nachweisbar sind, und durch Kontrollen in Wettkampf und Training viele Vergehen vorgebeugt werden.

10. Quellen

Buchquellen:

1. Singler, Andreas/ Treutlein, Gerhard: Sportentwicklung in Deutschland 12, Doping im Spitzensport Aachen 2012

Internetquellen:

1. Kerstin Eva Dreher: Doping, Mittel und Methoden, http://www.planet-wissen.de/gesellschaft/sport/doping_gefaehrliche_mittel/pwiemittelundmethoden100.html (Stand: 23.10.17)

2. http://www.doping.de/arten-des-doping/doping-methoden/blutdoping/ (Stand:23.10.17)

3. Martin Grüning: Höhentraining, Auswirkung der Höhenlage, http://www.runnersworld.de/training/auswirkungen-der-hoehenlage.219528.htm (Stand:23.10.17)

4. Dr. Renate Hoer: Künstlicher Blutmacher: EPO, https://idw-online.de/de/news501621 (Stand 23.10.17)

5. Gendoping Definition, http://www.gentechnologie-im-sport.de/ueber-gendoping/definition/ (Stand: 27.12.2017)

6. Myostatin – Das Muskel Gen, http://www.got-big.de/Blog/myostatin-das-muskel-gen/ (Stand: 27.12.2017)

7. Dr. Matthias Kamber: Gendoping, https://www.nada.de/fileadmin/-DOWNLOADS-/Broschueren/nada_de_gendop.pdf (Stand: 27.12.2017)

8. Sporternährung - Doping und verbotene Substanzen, http://www.ernaehrung.de/tipps/sport/leistungssteigernde-substanzen-3.php (Stand:27.12.2017)

9. Beta-2-Agonisten, https://www.drugcom.de/?id=drogenlex&sub=2&idx=225 (Stand:27.12.2017)

10. Dr. Frank Antwerpes : Beta-2-Sympathomimetikum, http://flexikon.doccheck.com/de/Beta-2-Sympathomimetikum (Stand:27.12.2017)

11. Xevier Deleu, Die Dopingspirale, https://www.youtube.com/watch?v=auC56vof8MM (Stand:28.12.17)

12. Doping, Stimulanzien, http://www.sportunterricht.de/lksport/dopestimu1.html (Stand:28.12.17)

13. http://www.doping.de/arten-des-doping/wirkstoffe-und-deren-auswirkungen/narkotika/ (Stand:28.12.17)

14. Diuretika, http://www.sportmedizin-hellersen.de/dfs/html/diuretika.html (Stand:28.12.17)

15. Kerstin Eva Dreher/Melanie Kuss: Doping, Geschichte des Dopings, https://www.planet-wissen.de/gesellschaft/sport/doping_gefaehrliche_mittel/pwiegeschichtedesdopings100.html (Stand:29.12.17)

17. http://www.doping.de/geschichte-des-doping/ (Stand:29.12.17)

18. http://www.doping.de/geschichte-des-doping/doping-in-der-ddr/ (Stand:29.12.17)

19. Hans Gürtler, Aber im Sport war die DDR Weltklasse,

https://ddrwebquest.wordpress.com/tag/hans-guertler/ (Stand: 29.01.18)

20. Film: Unterstützende Mittel - Das Trauma des DDR-Sports

21. Film: Die Goldmacher - Sport in der DDR (2008)

22. Katharina Bueß: Doping, Doping in Westdeutschland
 https://www.planet-wissen.de/gesellschaft/sport/doping_gefaehrliche_mittel/studie-humboldt-universitaet-100.html (Stand: 30.01.18)

23. Doping früher und heute, https://sportslife.intersport.de/sportslife/doping-heute-frueher/ (Stand: 1.02.18)

24. Geheimsache Doping – Wie Russland seine Sieger macht.,
https://presse.wdr.de/plounge/tv/das_erste/2014/12/20141203_geheimsache_doping.xml (Stand: 3.02.2018)

25. WADA bestätigt Staatsdoping in Russland,
http://web.archive.org/web/20160721074551/http://www.zdfsport.de/wada-fordert-russlands-ausschluss-ioc-olympia-rio-doping-mclaren-report-bestaetigt-systematisches-doping-in-russland-44440744.html (Stand:3.02.2018)

26. Olympische Spiele 2018, https://de.wikipedia.org/wiki/Olympische_Winterspiele_2018 (Stand: 3.02.2018)

27. McLaren-Report, https://de.wikipedia.org/wiki/McLaren-Report (Stand: 3.02.2018)

28. Wettkampfkontrollen, https://www.nada.de/doping-kontroll-system/wettkampfkontrollen/ (Stand:3.02.2018)

29. Nationaler Anti-Doping Code, https://www.nada.de/fileadmin/-DOWNLOADS-/Regelwerke/NADA-Code_2015.pdf (Stand: 3.02.2018)

30. Testpools, https://www.nada.de/doping-kontroll-system/trainingskontrollen/testpools/ (Stand:3.02.2018)

31. Doping: Geschichte, Methoden,
Kontrollenhttp://universal_lexikon.deacademic.com/229703/Doping%3A_Geschichte%2C_Methoden%2C_Kontrollen (Stand:5.02.18)

32. Karl Windisch: Leistungsentwicklung und Doping dargestellt an ausgewählten Beispielen,
https://core.ac.uk/download/pdf/11585291.pdf (Stand: 5.02.18)

33. Blau-Weißer Belgier, https://www.agrarheute.com/tier/rind/weiss-blaue-belgier-muskelpakete-portrait-517956 (Stand: 27.12.17)

34. Hajo Seppelt, Geheimsache Doping, https://www.youtube.com/watch?v=FKaiY9y7Gxg&t=2432s (Stand: 03.02.18)

BEI GRIN MACHT SICH IHR
WISSEN BEZAHLT

- Wir veröffentlichen Ihre Hausarbeit,
  Bachelor- und Masterarbeit

- Ihr eigenes eBook und Buch -
  weltweit in allen wichtigen Shops

- Verdienen Sie an jedem Verkauf

Jetzt bei www.GRIN.com hochladen
und kostenlos publizieren